DISCOURS

PRONONCÉ

A LA SOCIÉTÉ

POPULAIRE ET RÉVOLUTIONNAIRE

DE NIEPPE,

Par le républicain DARET, *adjudant au premier bataillon des Lombards, dans la séance du septidi pluviôse, 2.me. année de la république, une & indivisible, & imprimé par ordre de la Société.*

LA superstition sacerdotale est sans contre-
dit, en cette commune, le vice qui domine
le plus les habitans ; l'ignorance en est le
germe, & par conséquent, ce que nous devons détruire par des argumens simples,
faciles, & cela par la voie de l'instruction.

A

C'est sur les maux qu'entraîne cette même
superstition qu'il nous faut jeter les yeux,
& faire sentir à ces braves habitans, qui
viennent dans notre sein, prouvant par-là
le desir qu'ils ont d'entendre la vérité, &
s'instruire sur ce qui peut tendre à leur bonheur, en se montrant dignes du titre si beau
de républicain : qu'il nous faut, dis-je,
mettre sous leurs yeux de quels moyens se
servaient ceux qu'ils avaient chargés du soin
de leurs ames, pour voiler leurs manœuvres
infâmes, & par ce moyen, mettre dans l'homme
cette inertie favorable à leurs projets, qui,
de tout tems, ont été contraires à l'humanité,
& qui, par leur mauvais exemple, n'ont servi
qu'à dépraver les mœurs.

Tous nos prêtres, ces charlatans spirituels,
répandus dans toutes les campagnes, noir-
cissent sans pudeur les vrais amateurs de la
vérité.... Ces hommes trempés dans l'encre,
dont l'esprit a pris la teinte de leurs vête-
mens, font entendre au bon peuple qu'ils
défendent la cause de Dieu, & par ces pra-
tiques pleines de calomnie, ils lui inspirent
une haine mortelle, contre ceux qui sont
les vrais défenseurs des droits de l'homme,
& qui par un ardent républicanisme, vou-
draient par les instructions qu'ils donnent au
peuple, les délivrer de l'esclavage où l'ont
tenus tous ces bourreaux en étoles....

Je n'ignore, & ne vous laisserai inconnus
autant qu'il sera en mon pouvoir, les arti-
fices que ces hommes corrompus, guidés par

le plus vil intérêt, savent mettre en usage,
quand il s'agit de décrier ceux qui exposent
au grand jour & développent hardiment tous
leurs mystères d'iniquités.

Quand il s'agit de parler en faveur de la
vérité, rien ne doit nous en détourner, ni les
railleries des ignorans, ni les clabauderies
d'un prêtre entêté ou intéressé, qui déshonore le christianisme par la scélératesse de
sa conduite, en s'opposant aux lois républicaines.

Il faut convenir qu'il n'existe aucune Société populaire, où ce qu'on reproche au
clergé ne soit mis au rang des vérités les plus
évidentes. .... Tout le monde convient que
ces apôtres, ou prêtres que nous venons ou
que nous désirons détruire, parce qu'ils ont
été de tout tems rébelles à la loi, diffèrent
de ceux qui existaient du tems de Jesus,
comme le jour diffère de la nuit. .... Du
vivant de ce sage législateur, l'ambition,
les richesses, la vanité, n'étaient pas comprises parmi les vertus, ainsi que nos cidevant prélats les ont affichées depuis des
siècles .... Jesus n'avait desiré ni richesses,
ni titres; il ordonnait à ses disciples d'abandonner leurs biens & de le suivre. C'est ce
qu'ils firent... Leurs successeurs, ces prêtres,
dis-je, ne goûtèrent point long-tems cette
doctrine, & rougissant de leur pauvreté,
ils commencèrent par s'approprier, comme
salaire, l'héritage du pauvre, ils s'établirent
les chefs & les guides de leurs prosélites,

en jettant les fondemens d'une puissance
spirituelle, & à force d'exercer une jurisdic-
tion sacrée, se transformèrent en évêques ;
& se mettant par ce moyen inique & illégal
au-dessus des autres prêtres, se rendirent
redoutables à tous ces êtres fanatiques, qu'ils
ensevelissaient par de faux principes & par
des moyens criminels, dans la nuit de la superstition.

Le bâton le plus grossier dont se servaient
les apôtres dans leurs courses apostoliques,
est devenu pour eux une crosse enrichie d'or
ou d'argent.... Le sac ou la besace dont ils se
servaient, se convertit en trésors, bénéfices,
principautés, ou revenus privilégiés.

La permission de mendier leur fournit le
moyen d'exiger des dîmes énormes ; de dé-
vorer les nations, de s'engraisser de la subs-
tance des malheureux, de jouir du droit divin
de piller la société, & de la troubler impu-
nément par toutes sortes d'excès & de dé-
bauches.

Une bulle émanée du vatican, était jadis
une loi suprême ; elle faisait taire tous tri-
bunaux, & pâlir nos ci-devant rois.

Mais ces tems d'erreurs sont passés ; & la
raison nous prête son flambeau.

Le bref papal, la bulle d'excommunication,
ne font plus d'impression sur le cœur d'un
vrai républicain, qui, plus pénétré de son
devoir sacré, que le pape, sait que Jesus
n'excommunia personne, & que la véritable
religion républicaine est de ne jamais faire

à autrui ce qu'on ne voudrait pas qu'il nous fût fait.

Pour nous extasier davantage sur la divinité, qui ne veut être adorée qu'en esprit, ils nous éblouirent par la construction de ces cathédrales, églises, monastères richement décorés, leurs maximes étant de nous couvrir d'un bandeau superstitieux ; car Dieu n'exige pas tant de luxe & de magnificence, & comme nous le dit un de nos anciens, quel temple puis-je bâtir à ce Dieu que toute l'étendue de la terre ne puisse contenir ! moi, qui n'étant qu'un seul homme, aime à me loger commodément, comment oserais-je entreprendre de renfermer dans un petit édifice toute l'immensité de Dieu ! n'est-il pas infiniment plus digne de la majesté de cet être parfait de lui consacrer un temple dans nos esprits & dans nos cœurs ?

Non contens de cette magnificence illusoire, dont ces mêmes temples étaient décorés, ils se sont occupé pour nous fasciner les yeux, de mastiquer des oraisons ou prières, à qui ils ont donné le nom de messe, & pour les rendre moins intelligibles, tant pour eux que pour nous, ils les ont fabriquées en latin & les adressèrent à la divinité, qui ne leur demandait qu'un cœur pur & non un fatras de mots inutiles.

Ce fut après, que, par l'inquisition sacerdotale, qu'ils exercèrent contre nous, ils nous forcèrent, comme devoir très-pieux, d'y assister, sous peine de damnation ; tandis

que ces mêmes scélérats , après nous avoir
par des momeries ou singeries de tout genre,
couverts de ce bandeau fanatique , allaient
se livrer, soit chez eux , ou plus souvent dans
nos maisons, à des actions liberticides & scan-
daleuses ; tel était le fruit de ces messes qu'ils
vous forçaient d'aller entendre sous peine
d'être excommuniés.

La superstition s'est toujours soutenue &
encouragée par l'intérêt. Quand le peuple est
ignorant , il est superstitieux ; & c'est par la
superstition que l'ont enchaîné les prêtres.
Les reliques que l'on sait faire quand on n'en
a point , & les miracles forgés à leur occa-
sion , ont toujours été un spectacle & un
Aimant qui attirait de toutes parts les richesses
dans leurs trésors.... L'on n'osait jadis parler
librement sur de pareils abus , craignant de
scandaliser des ames faibles ; maintenant nous
devons la vérité & l'éclaircissement de toutes
ces supercheries à nos concitoyens ; & en vrai
républicain , je puis dire en ce jour de lu-
mière , que ce culte idolâtre qui avait appau-
vri ce peuple dans des tems d'ignorance , est
cessé , & remet à la disposition de la nation
tant de richesses entassées dans les trésors ,
dont les prêtres se regardaient les seuls pro-
priétaires.

Que doit-on penser d'un ministre des au-
tels, qui, par son caractère, devait l'exemple
& la pratique de la vertu , & qui loin d'ar-
rêter le crime , le favorisait en expiant les
péchés à prix d'argent ?

Les faits suivans le prouveront.

Un bâtard voulant prendre les ordres pour la prêtrise payait pour la dispense 25 liv.

Pour possession d'un bénéfice simple payait de plus 180 liv.

Desirait-il que dans sa dispense on ne parlât pas de son illégitimité ? 1080 liv.

Pour absolution d'hérésie, 80 liv.

Pour la permission de lire des livres défendus, 25 liv.

Pour manger de la viande les jours défendus, 65 liv.

Ce tarif révoltant suffit pour faire connaître à tout être pensant, combien les prêtres se sont joué de la crédulité des hommes, en leur faisant accroire que, pour de l'argent, un péché pouvait cesser de rendre l'homme coupable devant Dieu. . . . Il faut être prêtre & scélérat pour tromper ainsi les humains, & faire consister dans leurs bourses, le prix de l'expiation de leurs fautes. Après un tel attentat contre les mœurs, oseront-ils encore se montrer en face des vrais républicains ! Et existe-t-il encore parmi nous des êtres assez faibles pour se laisser entraîner à leur perte par des voies aussi illicites que criminelles ? Ah ! s'il en existait ! venez, venez à nos séances républicaines ; remplissez cette enceinte sacrée : là, vous n'y entendrez que cette vérité, qui n'a pas besoin d'argent ni d'or pour paraître dans tout son lustre ; son plus beau temple & l'endroit qu'elle chérit

le plus, est le cœur d'un vrai républicain ;
parce que c'est de cet asyle sacré qu'est sorti le
serment de donner sa vie pour l'unité, l'in-
divisibilité de la République, & de n'avoir
d'autre devise que de *vivre libre ou mourir*.

La Société, par un second arrêté, a or-
donné l'insertion du vaudeville républicain,
sur l'inutilité des prêtres, par le citoyen
Piis, à la suite de ce discours.

A I R :

Du Vaudeville des Visitandines.

Vas, vas, mon père, je te jure
Que par la mort des préjugés,
Les sentimens de la nature
Sont loin d'avoir été changés.   [*bis*]
Pour chérir l'auteur de mon être
Et voter son parfait bonheur,
Il me suffira de mon cœur,
Je n'aurai pas besoin de prêtre.   [*bis*]

———

Victime faible, quoique sage,
Des religieuses erreurs,
O ma mère, sur ton visage
Pourquoi vois-je couler des pleurs ?   [*bis*]
La routine te fait peut-être
Regretter un sot confesseur ;
Verses tes chagrins dans mon cœur,
Un fils console mieux qu'un prêtre.   [*bis*]

———

O mon épouse ! ô ma compagne !
Tu vois combien j'avais raison :
Tu sentiras tout ce qu'on gagne
A régler seule sa maison.   [*bis*]
Etait-il un guide plus traître
Que ce qu'on nommait directeur ?
Il te suffira de mon cœur,
Nous n'aurons pas besoin de prêtre.   [*bis*]

Viens, mon fils, viens aussi ma fille ;
Ne craignez plus qu'un précepteur,
En se glissant dans ma famille,
Vous soufle un venin corrupteur.　　*[bis]*
Pour vous faire à tous connaître
Les vrais principes de l'honneur,
Il me suffira de mon cœur,
Je n'aurai pas besoin de prêtre.　　*[bis]*

————————

O vous que j'aime & que j'honore,
Des campagnes bons habitans,
On voudrait vous tromper encore,
Mais attendez jusqu'au printems.　　*[bis]*
Quand vous verrez les bleds renaître,
Quand vous verrez la vigne en fleur,
Avec nous vous direz en chœur,
Et tout ça vient pourtant sans prêtre. *[bis]*

————————

Je suis homme, & de mon semblable
Rien ne saurait m'être étranger ;
Dès que j'entends un misérable
Demander à boire, à manger,　　*[bis]*
Pour l'abreuver, pour le repaître,
Sans mettre à cela de valeur,
Je ne consulte que mon cœur,
Et je n'ai pas besoin de prêtre.　　*[bis.]*

————————

Examinez ce fin lévite
Et ce gros docteur de la loi ;
Tous les deux comme ils passent vîte
Près d'un blessé qui crie, à moi,　　*[bis]*

Mais il survient un pauvre reître,
Qui par son baume est son sauveur :
Ceci veut dire qu'un bon cœur
N'est ni d'un riche, ni d'un prêtre.   [*bis*]

Engeance adroite & fanatique,
Qui viviez jadis de l'autel,
Voulez-vous de la république
Obtenir un pardon formel ?   [*bis*]
En uniforme, en casque, en guêtres,
Armez vos bras d'un fer vengeur,
Et perdez, en prenant du cœur,
Votre caractère de prêtres.   [*bis*]

Adieu pseaumes, prières vaines,
Faites place à nos chants guerriers,
Loin des troupes républicaines
Les capucins, les aumôniers !   [*bis*]
Pour ne pas recevoir de maître,
Et pour nous battre avec valeur,
Il nous suffit d'avoir un cœur,
Nous n'avons pas besoin de prêtre.   [*bis*]

Liberté ! pour sauver la terre
Tu mis au jour l'égalité !
De l'égalité sans mystère,
Procède la fraternité.   [*bis*]
O trinité de nos ancêtres,
Voudrais-tu tu celle aux trois couleurs !
Son culte est fait pour tous les cœurs,
Les français sont ses premiers prêtres.   [*bis*]

Alors qu'il me faudra descendre
Au champ d'un éternel repos,
O mes amis, portez ma cendre
Sous l'herbe des rians côteaux.   [*bis*]
Et puisse l'écorce d'un hêtre
Près de-là dire au voyageur ;
En ces lieux repose un bon cœur,
Qui n'y fut pas mis par un prêtre. [*bis*]

Et si l'on connaît l'existence
Par-delà ce terme fatal ;
Si Dieu, contre toute apparence,
Me citait à son tribunal ;   [*bis*]
Je ne craindrais pas d'y paraître,
Et de lui dire en ma faveur :
Jamais je ne t'ai, dans mon cœur,
Cru semblable au Dieu d'aucun prêtre. [*bis*]

A LILLE,

De l'Imprimerie de C. L. Boubers, Place
de la République.